# Eugène Mazel

# EUGÈNE MAZEL

## ÉTUDE BIOGRAPHIQUE

*Lue en Novembre 1894*

A LA

SOCIÉTÉ D'HORTICULTURE ET DE BOTANIQUE

DES

BOUCHES-DU-RHONE

**Par M. P. TRABAUD**

MARSEILLE

TYPOGRAPHIE ET LITHOGRAPHIE BARTHELET ET Cie

Rue Venture, 19

1895

EUGÈNE MAZEL

PROMOTEUR DE L'HORTICULTURE EXOTIQUE DANS LE MIDI
DE LA FRANCE

# EUGÈNE MAZEL

*Etude biographique lue en novembre 1894 à la Société d'Horticulture
et de Botanique des Bouches-du-Rhône*

---

Messieurs,

Si quelques hommes de mérite échappent à une juste renommée, c'est un devoir de la part de ceux qui les ont appréciés de les faire connaître et d'empêcher le noir oubli de les envelopper de ses éternelles ténèbres.

Une bonne pensée m'étant venue, il m'a été agréable de satisfaire ce premier mouvement, puisqu'il importe parfois de ne consulter que l'impression première.

Il y eut un jeune homme dans le Gard dont les tendances primesautières furent de bonne heure remarquées. Nul n'aurait précisé sa profession, encore moins le but avouable qu'il se proposait. Et pourtant, sans être avocat ou médecin, sans tenir boutique ou cabaret, il vécut librement, en poursuivant un but qui, à lui seul, eût constitué un état professionnel. — La vie entière d'un homme inventif concourt, même à son insu, au choix de son sujet, à la combinaison de ses moyens, au succès de ses œuvres.

Je veux parler de M. Mazel, dont l'existence a été mise au service d'une science neuve, surtout au bon pays de France où l'on semble craindre les nouveautés.

Eugène Mazel naquit, en 1828, à Montsauve, commune de Générargues, près Anduze (Gard), d'une ancienne famille protestante du pays.

Ayant dès le bas âge perdu ses premiers parents, il fut assisté par un oncle maternel qui, plus tard, lui laissait une modeste situation : appui généreux suffisant pour entraîner le neveu dans la bonne voie, celle dont il eût le plus largement profité, si le but n'avait pas été excédé par la plus louable des passions.

Mazel vint jeune à Marseille, auprès de son protecteur, M. Thérond, et fut élève du lycée de cette ville, ainsi que son frère aîné mort prématurément. Au sortir du lycée, il fut un instant attaché à l'administration des mines de la Grand'Combe et aussi aux Forges de Rustreil (Vaucluse).

La protection de l'oncle aurait été d'autant plus efficace que celui-ci s'était signalé comme industriel ingénieux, en devenant un des promoteurs de la navigation à vapeur entre Marseille et Cette ; et, de plus, en contribuant à la création des voies ferrées, au moment de la construction de la ligne de la Grand'Combe à Nîmes, point de départ des importantes Compagnies que Paulin Talabot, son ami, dut organiser tant en France qu'à l'étranger.

A la mort de M. Thérond, et après une liquidation embrouillée de la succession de son oncle, le neveu eut à sa disposition une petite fortune qu'il consacra tout entière à la satisfaction de la vive passion qu'il éprouvait pour l'horticulture.

Je me propose de mettre en relief cette existence à la fois simple, honnête, utile à la science et pleine d'enseignements profitables aux néophytes de l'heure actuelle.

Pour mener à bien la tâche que je me suis imposée, il était nécessaire d'amasser des matériaux nombreux et non trompeurs. L'idée étant juste, désintéressée, ne pouvait que sourire aux plus intelligents parmi les anciens qui avaient connu Mazel dans l'intimité. Le plus apte à seconder l'entreprise, M. Marion, savant professeur de zoologie à la Faculté de Marseille, sympathique confrère de notre Académie, consulté un jour à propos de mon projet, se mettait à l'œuvre et fournissait une partie des renseignements recueillis dans cette notice. Et ce m'est une bonne fortune d'avoir à féliciter M. Marion, venu aujourd'hui pour assister à l'éloge d'un ami commun, et donnant ainsi une consécration irrécusable et solide à l'étude biographique que j'ai l'honneur de vous présenter.

Revenons à la personnalité qui nous occupe.

Une fois majeur par l'âge, par le jugement et par une sorte de goût inné qui dura sans nulle défaillance, le jeune homme s'empressait de trouer sa bourse, sans nul souci des exigences de la vie pratique. Une ambition des plus ordinaires l'excitait à joindre à la ferme paternelle de Montsauve le domaine contigu de Prafrans où il commença l'essai d'acclimatation des végétaux exotiques qu'il jugeait pouvoir s'accommoder en terre siliceuse, au climat souvent rigoureux de l'entrée des Cévennes. Mais si nos habitudes vicieuses doivent être condamnées, toute fausse tendance reconnue sincère, mérite d'être excusée.

## § 1. — Prafrans.

S'il fallait donner une étymologie de ce nom, nous inclinerions à penser qu'il s'agit d'une suite de franches, grasses, plantureuses prairies, ou, ce qui est peu probable, d'une prairie vraiment française.

Il importe davantage pour l'horticulteur physiologiste d'expliquer la nature de ce sol exceptionnel. Ainsi, pour votre édification, créez un tableau au fond duquel s'élèvent des montagnes dominées par des pics proéminents. Au-dessous, se trouve la région de Montsauve, quasi-calcaire, portant un nom heureux ; et sous une rampe, même faible, s'étend la vallée étroite de Prafrans, composée géologiquement de terres siliceuses. Maintenant, combinez par la pensée, la nature du terrain, le climat cévenol, sorte d'intermédiaire entre le tiède littoral et la froide Auvergne, et vous avez l'expression la plus exacte des régions mixtes du Japon.

Telle était d'ailleurs l'opinion de plusieurs spécialistes compétents ; et, parmi les mieux informés, je cite MM. Schimper, Planchon, Saporta, Marion, Edouard André, Linden et autres.

Quel encouragement pour le possesseur de cette vallée, alors que celui-ci ne mettait plus de borne à son intelligente passion !

Le parc de Prafrans est situé sur les bords du Gardon, en amont d'Anduze, et sous le petit hameau de Monsauve, vers le fond d'un cirque naturel de montagnes assez élevées où se réunissent sur une faible surface, les différentes couches géologiques qui se développent plus loin, pour constituer les diverses vallées et les massifs des Cévennes.

Au delà de la rupture si pittoresque des roches jurassiques de Peyromalo et de Saint-Julien, les terrains triasiques et liasiques forment les contreforts de la vallée. Un massif granitique, celui du Roscan, s'élève comme l'axe de tout le système et domine le parc dont le sol est par cela même absolument siliceux, composé d'alluvions sablo-vaseuses, provenant de la désagrégation des granits et des marnes irisées. Région humide où les chaleurs de l'été sont aussi fortes que dans les plaines du Languedoc, et où les hivers égalent ceux du centre lyonnais. Nature originale qui suffit à façonner un homme et à lui inculquer le germe d'une aptitude qu'il apprit dès la naissance à cultiver.

Cette propriété devint bientôt des plus remarquables, tant au point de vue horticole qu'au point de vue botanique et scientifique pur, où prospéraient les essences du Japon, celles de l'Amérique du Nord et de la région hymalayenne.

Mettant à profit les relations qui s'établissaient entre les industriels des Cévennes et du Japon dans le commrece des soies, Mazel introduisit directement de l'extrême Orient, les plus complètes collections que l'on ait encore vues chez nous de conifères, de chênes, de bambous, d'érables, de clématites, de plantes d'ornement, etc. Citons le *Bambusa*, le *Diospyros*, le *Daphné*, tous *Mazeli*. La résistance au froid de certaines de ces essences qui subirent en 1870, près de 20 degrés sous zéro, permettait de profiter de cette expérience en vue du reboisement des sols granitiques. Il eut encore le mérite de propager en pleine terre une plante devenue commune et toujours estimée, le chamœrops (*Trachycarpus excelsa*).

L'énumération des plantes de Prafrans serait trop longue ; et le mieux, pour s'en instruire, consisterait à feuilleter les catalogues soigneusement édités. Le parc dont il s'agit a été mentionné bien des fois dans des recueils horticoles ; et les descripteurs du prodrome de Decandolle, ont trouvé sur le terrain des matériaux importants, soit pour l'étude des ulmacées, soit pour celle des chênes et des ampélidées. Il y a nombre d'années déjà, je contribuai à la publicité, en livrant quelques notes sommaires, à l'impression de la *Revue Horticole* de Paris. Le soin apporté à ces cultures mériterait d'être l'objet d'une monographie que Planchon, l'éminent botaniste de Montpellier avait projetée, mais qu'il n'a pas eu le loisir de rédiger.

La première fois que nous fîmes une excursion de touristes, parcourant cette originale contrée, et qu'il nous fut donné, en compagnie de quelques invités, de nous promener à travers cette propriété, aujourd'hui veuve de son maître et condamnée à la sotte spéculation, nous fûmes saisis à la vue des touffes de bambous, et de cette allée longue de trois cents pas, formée par ces magnifiques graminées, dont quelques tiges dépassaient quinze mètres, la hauteur d'une maison de deux étages. Ici, le bambou règne et gouverne ; il figure en touffe, en allée, en bordure de rivière pour garantir les talus ; et en raison de ses qualités conservatrices, on s'est demandé si Prafrans ne serait pas utilisé avantageusement comme pépinière ou comme lieu de production de grosses tiges du *Bambusa mitis :* ce qui constituerait une industrie en quelque sorte nationale.

Il n'est plus un paysan en Provence qui ignore les nombreuses applications du bambou, grâce à son propagateur, à Eugène Mazel.

Il faudrait un volume pour décrire savamment les nombreuses plantes japonaises et asiatiques, en donnant une monographie détaillée des splendides chênes, des robustes conifères d'Amérique.

Parmi les diverses essences japonaises du parc de Prafrans, les *Cryptomeria* se désignent à l'attention par leur vigueur, leur polymorphisme et leur réelle naturalisation.

Ce curieux type, aujourd'hui étroitement localisé, joue un rôle considérable dans les forêts des îles asiatiques. On le trouve depuis le bord de la mer jusqu'au sommet des plus hautes montagnes du Japon, tantôt isolé, tantôt en fourré épais. Ses troncs absolument droits fournissent d'excellents bois de construction, d'un travail facile et d'une bonne résistance aux agents atmosphériques.

Le type ordinaire (*cryptomeria japonica*) a été introduit depuis plusieurs années en même temps qu'une forme buissonnante à rameaux grêles, retombants, garnis de feuilles aciculaires minces, forme que l'on désigne encore dans les jardins sous le nom de *cryptomeria elegans*. M. Mazel avait pu démontrer en semant les graines de cette variété, qu'elle reproduisait le type *japonica* ordinaire et qu'il ne s'agit, par conséquent, que d'une modification, provoquée ou accidentelle, conservée à l'aide de bouturage, par les jardiniers japonais, dont l'art horticole dépasse tout ce que nos spécialistes ont pu réaliser jusqu'ici. D'ailleurs, le semis du *cryptomeria* donne lieu à des variations nombreuses, qui sans être aussi intenses que celles correspondant à la forme *elegans*, n'en sont pas moins cependant assez notables. Certains pieds (var. *Lobii*) doivent un port tout particulier à leurs rameaux secondaires, longs et pendants. Ils sont très fructifères. Leurs strobiles sont absolument ronds avec des bractées peu épineuses. Par contre, dans la variété *pungens,* les écailles du fruit sont hérissées de pointes assez longues. Le port est irrégulier et ne prend pas l'aspect pyramidal du type. Les feuilles sont très longues et recourbées.

La disposition inverse caractérise la variété *lycopodioïdes* dont les rameaux s'allongent sans ramifications et horizontalement, tandis que les feuilles très épaisses et fortement recourbées donnent à l'arbre l'aspect d'un *araucaria* de la section des *eutassa* ou *eutacta*.

Toutes ces variétés se sèment naturellement d'elles-mêmes dans le parc de Montsauve. Des pieds obtenus de semis et âgés de quinze ans, dépassent une hauteur de 20 mètres et leurs troncs atteignent 1ᵐ 50 de circonférence.

Si nous considérons le genre chêne, l'un des plus curieux est sans contredit celui désigné sous le nom horticole de *Quercus daïmios*, qu'on peut traduire librement du japonais en français, par ces mots : « le plus noble, le plus génial des chênes. » On doit le reconnaître comme identique au *quercus dentata*, Thb. que l'on trouve associé dans l'Asie centrale et orientale aux Q. *Mongolica* et *Griffithii*. Ces deux espèces existent à côté des Q. *Crispula*, Q. *Serrata*, Q. *Sinensis*, etc. En somme, ces espèces, tirées directement du Japon, très endurantes au froid, acquièrent en nos terres siliceuses, une croissance rapide, produisent des feuilles amples et foncées, possèdent des glands d'une force supérieure de germination.

Parmi les types à feuilles persistantes, il faut signaler spécialement les *Quercus salicerea* et *gilva*, qui ont pu sans accidents supporter l'hiver de 1870, tandis que les Q. *glauca*, *acuta* et *glabra* atteints à cette époque, ont donné des rejets qui produisent de nouveau des glands en abondance. M. Mazel avait rendu un réel service aux botanistes et aux forestiers, en introduisant et en naturalisant d'une manière si complète toutes ces essences que les herbiers ne contenaient naguère qu'à l'état de faibles échantillons.

Après les bambous et les chênes, il faudrait citer parmi les espèces utiles ou ornementales, les Celtidées, les Ulmacées, les Juglandées et les Anacardiacées. Particulièrement nous remarquons les *Zelkova*, les *Celtis*, les diverses espèces de *Rhus*, les *Pterocarya* dont le bois fournirait à l'ébénisterie des pièces plus belles que celles de nos noyers ; les *Sapindus*, les divers arbres fruitiers, *Diospyros*, *Idesia*, pommiers, pêchers, cerisiers. La collection des conifères, réellement unique en Europe, comprenait en tout 310 espèces, parmi lesquelles, 150 japonaises. Il est juste encore de citer les grands érables du Japon, dont le feuillage si gracieusement coloré semble une floraison permanente au milieu de cette sylviculture originale et de provenance extrême.

Je me souviens d'un *Thuya gigantea* et d'un *Wellingtonia*, récemment introduits, qui après avoir atteint une dizaine de mètres, périrent dans un bas fond à cause de l'extrême humidité du sol, dans la vallée ; ces décès causèrent une si triste impression, qu'on se demandait alors comment ces types, jusque là inconnus du public, seraient remplacés.

Il faudrait consacrer quelques pages aux plantes de serres, aux végétaux à fleurs qui, à eux seuls, mériteraient d'être décrits par un spécialiste. Une mention honorable est due toutefois aux belles collections de liliacées, aux séries de *Begonia* tubéreux, dont la production par hybridation artificielle avait été réalisée depuis longtemps par notre vigilant novateur.

On trouverait difficilement une contrée plus propre à cet ensemble de cultures ; et l'homme qui, au centre de la France, avait opéré cette merveilleuse transformation, n'a pas eu encore un imitateur...

Pourtant il serait naturel d'user du centre cévenol et arverne, où les roches ignées indiquent un sol propice. Certains bords du Rhône (canton de St-Vallier), le Delta de la Camargue, et mieux encore, le versant nord de l'Estérel, avec sa climature fraîche et humide seraient, en Provence, les points préférables et indiqués.

A défaut des particuliers indolents ou ignorants, pour quelle raison l'Etat, constamment mêlé à nos affaires, ne prendrait-il pas la savante horticulture sous sa protection ? Quatre à cinq zones devraient entretenir autant de champs d'essai horticole. Dès ce moment, nos publications imprimées gagneraient en prestige devant les œuvres probantes de l'expérience, alors que des bras et de l'intelligence s'entr'aideraient pour enrichir la science de données sérieuses, non équivoques. — Seulement cette idée est simple. Je la nourris depuis un demi-siècle, je l'ai préconisée cent fois ; et comme cela ne change pas, c'est toujours la même chose.

Mazel, lui, n'attendant rien de personne, marquait ses actes par la tenacité. Aussi me témoignait-il une franche affection à cause de la lutte constante que j'entretiens sur mon humble domaine. Il avait pour principe de ne jamais perdre courage, malgré les difficultés qui croissaient à mesure qu'il avançait dans ses téméraires entreprises. Observateur, praticien et penseur, il formulait des aphorismes qui sont devenus des lois. « La première année, disait-il, une plante marque l'insignifiance ; la seconde, l'inquiétude ou l'espérance ; la troisième, la vitalité ; la quatrième, le triomphe. » A propos d'arrosage : « Il faut, l'hiver, arroser pendant la matinée ; l'été, de préférence le soir ; et, si impossible, tout le jour. » Aussi : « En juillet, arroser des mains et des pieds ; des deux mains, en août ; d'une main, en septembre ; puis arrêtez-vous. »

## § II. — Golfe-Juan.

Après une entreprise aussi originale, le génie créateur de notre ami ne se sentant plus à l'aise, l'invitait à passer d'un climat froid ou tempéré à l'essai des cultures tropicales. C'est alors qu'avec un coup d'œil en quelque sorte inspiré, Eugène Mazel, après avoir minutieusement exploré le littoral français des Alpes-Maritimes, fixa son nouvel établissement au Golfe-Juan, dans un recoin abrité, un des mieux exposés sur cette côte. Il y avait à la fois de l'intelligence et de la témérité pour pressentir la position et se risquer à retourner une parcelle de terre qui serait plus un profit pour la science que pour une personnelle spéculation.

Ce terrain, qu'un nouveau propriétaire est sur le point de transformer, mesure environ cinq mille cinq cents mètres carrés, compris dans la zone granitique de l'Estérel : peu d'espace pour une telle richesse. — Après un défoncement de deux mètres, des palmiers, des eucalyptus furent plantés. Ce clos enchanteur, je le vis pour la première fois, après trois ou quatre années de soins assidus ; tout y avait prospéré au point qu'on aurait cru à une fondation d'ancienne date. La qualité du sol, les collines, barrière contre le meurtrier Septentrion, et l'eau, même parcimonieusement délivrée, furent aussi les auxiliaires puissants. Dès lors, il me fut donné, soit seul, soit en compagnie du maître, de me promener à travers cet heureux Eden.

Mes premiers regards, en sortant du bastidon où j'avais passé la nuit, et où le jardinier Cauvin faisait sa demeure habituelle, se portèrent sur le « Bougainville, » tapissant la façade méridionale : claire démonstration en faveur de cette grimpante sarmenteuse qui peut vivre et tapisser les murs, en dehors de la région mentonaise. Non loin s'élevait un magnifique *Musa ensete*, orné d'un régime copieux et de larges feuilles, et si haut monté qu'il fut plus tard arraché après avoir terminé sa courte carrière, en tenant compte du goût éclairé et difficile du maître, parce qu'il obstruait l'astre radieux et figurait comme une vulgarité botanique.

Les Eucalyptus (principalement le *globulus*), y tenaient une telle place qu'il devint nécessaire de les abattre. La place semblait plus noblement occupée par les conifères néo-calédoniens, puis par les

Araucaria *excelsa* glauque, *Cookii*, *Bidwill*, *Brasiliensis*. L'Australie y avait de nombreux représentants : *Livistone australis* ou *Corypha*, divers acacia ou mimosa, notamment le *pubescens*, si délicat, si rare dans nos jardins, un *Dammara* montant à plus de quinze mètres. Le *Livistone sinensis* ou Latanier de Bourbon, les Brahœa *dulcis* et *nitida*, furent si appréciés que de riches voisins les ont sollicités et payés quelques mille francs la pièce. A côté d'un Quercus *suber* et d'un Q. *dealbata* himalayen, tous deux maintenus comme protecteurs, s'épanouissait le Sabal ombreux, le S. *Blackburn*, et non loin le Ficus *elastica*, sorte de phénomène égaré, rarement blessé par les hivers. Aujourd'hui, le *Macrophylle* et le *rubigineux* suppléent sur cette côte aux risques de l'acclimatation. Sur la même ligne, vers le haut du jardin, s'élevaient un Cocos *romanzoff*, un Areca S., les phœnix *reclinata* et *leonensis*. Tous les Grevillæa y réussissaient. En outre du *Dion*, les Cycadées triomphaient au point d'y maintenir longtemps le C. *Circinalis*, hôte habituel de nos serres chaudes. Un *Dracœna draco*, le Dragonier de Ténériffe mesurait deux mètres en hauteur, et sa large base partait avec un demi-mètre. Les conditions du terrain et de l'atmosphère sont telles en ce lieu privilégié que l'Hortensia, fille de l'Hydrangée, s'élevait sans composition du sous-sol à plus d'un mètre, harmonisant sa fleur en boule avec la forte tige. — Les Zamiées, les Protéacées de différents genres, parlaient en quelque sorte le langage du berceau natal. — Quelques Agavé du brûlant Mexique occupaient les hauteurs rocheuses. Dans le fond, les Fougères arborescentes, *Balantium* et *Alsophila* auraient aussi bien prospéré qu'à la villa Moresque, placée dans le voisinage. Et certainement, si ce petit jardin avait eu quatre fois son étendue, il eût été possible de s'imaginer la mère-patrie de chacune de ces plantes. Leur santé était parfaite ; leur développement, seulement contrarié, parce que sur cet espace réduit, les forts dévoraient les faibles.

C'est là que de nombreux savants se sont rendus pour étudier sur place les effets d'une si heureuse naturalisation. C'est là que MM. Schimper, de Saporta, Marion, Charles Martins, Planchon, ont pu doter leurs connaissances d'une série de faits probants, relatifs à la physiologie végétale. L'héliotrope (*heliotropium peruvianum*) avait un jour défrayé la discussion, à propos du calorique latent de la terre. Pour quelle raison cette charmante borraginée supportait trois degrés minima sur cette côte mica-schisteuse, et n'en supportait pas deux aux environs d'Aix ou de Cassis ? D'où la grave importance de la couche géologique du sol et de la somme de chaleur persistante contenue. Une autre fois, la pénétration des vents du Nord devenait le sujet d'une dissertation approfondie. Pour quelle raison, le limonier (*citrus limonum*) produit sur notre frontière d'Italie tant de fruits comestibles, légèrement acidulés, et fort peu à l'extrémité méridionale de la Provence, à Hyères, à Cavalaire, à St-Tropez. De fait, le limonier se montre plus frileux que l'oranger (*citrus aurantium*.) Et pourtant celui-ci mûrit son fruit aux environs de Toulon, ne le mûrissant qu'imparfaitement, sans saveur, à Nice et à Menton. Le congrès des physiologistes allégua la faible action pénétrante du froid à la frontière, la proximité des Alpes humides, le moindre besoin d'intensité solaire sollicité par le limon jauni, et la nécessité pour ce dernier d'un milieu atmosphérique sensiblement isotherme, alors que l'oranger s'accommode d'un hiver, à la vérité clément, pourvu qu'il jouisse des trois autres saisons. Toujours préoccupé de la préservation des plantes délicates cultivées dans mon jardin, je demandai, séance tenante, lequel serait le plus résistant, du *Phœnix dactylifera* ou du *Ph. tenuis*, autrement dit *Canariensis*. Réponse immédiate de Mazel : « Le Phœnix sud-austral africain serait aussi endurant ; mais, se remettant volontiers en sève, à l'automne, et aimant à retrouver la saison des régions quasi-antipodes auxquelles il appartient, il peut arriver à cet imprudent patriote de se faire moucher. »

Le professeur Schimper visitant le jardin du Golfe, à une époque déjà ancienne, restait saisi d'admiration et déclarait qu'aucun jardin botanique au monde n'avait produit sur lui une telle impression. C'est que le perspicace planteur du Golfe avait des méthodes inconnues jusqu'à lui lorsque, par exemple, il versait du sang chaud pris à l'abattoir de Vallauris, autour des Cycadées en travail de végétation. Ce qui d'après les praticiens ne dénote qu'une excentricité, une épreuve fantaisiste. Toutefois, il s'annonçait doué comme d'un génie précurseur, par ce fait qu'il introduisit les végétaux australiens en même temps que le docteur Thuret, à Antibes, et avant la création de tous ces jardins qui ont totalement transfiguré le littoral de Provence.

Il est presque inutile de raconter que, parmi les visiteurs curieux, nous devons compter des artistes, des hommes d'Etat, les rois et les reines de notre Europe, de passage à Nice ou à Cannes.

Il me faut ici clore la série des plantes importées et cultivées avec un subtil discernement par le véritable introducteur de l'horticulture exotique de plein air.

Eugène Mazel fut attaché, en 1876, au Comité technique qui, sous l'inspiration et l'initiative de Talabot, fut chargé d'étudier, aux frais de la Compagnie P.-L.-M., les moyens de lutter contre le phylloxéra de la vigne. Tandis que, sous la direction de M. Marion, un personnel spécial réglait et propageait la méthode insecticide par le sulfure de carbone, Mazel s'attachait à réunir, dans deux champs d'expériences, d'une part la collection la plus complète possible de tous les cépages issus du *vitis vinifera*, et de l'autre les espèces alors connues de vignes exotiques.

Un peu avant cette époque, M. Talabot avait choisi deux personnes pour surveiller, en son absence, les travaux du *Roucas-Blanc*, bastide princière située sur une éminence qui domine nos plages. L'un de ces confidents, industriel bien connu, dispensait la paye aux ouvriers chaque samedi ; et l'autre, notre amateur précité, avait le contrôle des cultures. L'amitié et la confiance du propriétaire châtelain était telle qu'à la fin de ses jours, devenu aveugle, il éprouvait du plaisir à se promener en s'appuyant sur le bras de Mazel ; il aimait parfois à manier la tige extrême des plantes et en indiquait, par le toucher seul, le nom et la qualité, tout en consultant son jeune accompagnateur clairvoyant. — Celui-ci, ayant obtenu la libre disposition d'un vallon exposé au Midi et abrité des vents du Nord, y avait conseillé l'introduction de quelques plantes exotiques, australiennes pour la plupart : opération d'autant plus ingrate et difficile que le terrain, uniquement calcaire, marquait de la défaveur. A la fin, ces plantations, remarquables par leur bonne venue, disparurent à cause des derniers hivers trop rigoureux, et, à la mort des maîtres seigneuriaux, par l'abandon des terres cultivées.

Il convient d'ajouter, à la louange de Mazel, qu'il était en relation avec les savants et les principaux horticulteurs de l'Europe. Decaisne, Linden, Hooker, Siebold avaient profité de ses essais. Vouliez-vous acquérir une plante rare, il vous enseignait la maison de commerce ou le lieu de production naturelle ; vouliez-vous vendre ou acheter des graines, il conseillait autour de Gand ou à Erfurt telle officine plutôt qu'une autre. Ce sera un devoir de le compter parmi les horticulteurs qui ont rendu le plus de services et ont le plus contribué à la création des jardins célèbres du midi de la France. Dans tous ces travaux, il n'avait trouvé que les jouissances intimes de l'amateur et du botaniste, et, bien loin d'en retirer aucun profit, il est arrivé à la fin de sa carrière, après avoir sacrifié à ses goûts le peu qu'il possédait. Tout autre eût fait grand bruit des succès obtenus. J'en connais, très vaniteux, qui eussent sollicité la réclame des journaux, les distinctions honorifiques d'un gouvernement. Notre ami se suffisait à lui-même, et, sans orgueil manifeste, il ne cédait rien de son intime fierté.

Ayant, toute la vie, joui de la gratuité du parcours sur les lignes du P.-L.-M., faveur qu'il devait à la constante protection de M. Talabot, faveur continuée même par M. Noblemaire, il allait et venait sans trêve, ni repos, se disant le plus occupé des êtres. Cette agitation, stérile à la fin, marquait le mal moral qui le minait.

D'une taille peu au-dessus de la moyenne, le corps demeurait bien campé. A peine brun, il revenait bruni après un séjour prolongé au Golfe. — Son premier abord paraissait légèrement froid. L'accent se ressentait de l'origine andusienne ; et le monocle constamment fixé dans l'orbite de l'œil donnait à sa figure une physionomie étrange, exceptionnelle. Il savait écouter longtemps avant de parler, et aimait juger en dernier ressort.

S'il avait ambitionné une position nette et assurée, il aurait conquis une certaine tranquillité d'esprit, et, accédant à la vie de famille, il serait parvenu, sans fonctions officielles apparentes, au premier rang des hommes considérés. Mais, personnel à l'excès, il refusa la direction des jardins et des stations de la ville de Marseille, et mieux encore, la direction de l'Ecole d'Agriculture de Valabre, que l'on avait sollicitée et obtenue du Ministère compétent. — Les efforts de ses amis furent vains pour lui ménager une place honorable et relative à ses talents. Il lui suffisait d'accepter la direction d'une Ecole d'Agriculture ou mieux encore l'Ecole d'Horticulture, en germe de fondation à Hyères. Nul avantage ne parvint à fléchir la ténacité de ce génie trop entier. Pour lui semble être née la devise : « Liberté d'esprit, indépendance de caractère. »

Sa pensée, toujours accompagnée de réflexion, imprimait un sens fidèlement traduit par la parole. En matière religieuse, il maintenait les tendances libérales de la Réforme, tout en simplifiant le plus possible et le culte et le dogme, de sorte que sa religion cotoyait de près la philosophie morale. C'est à peine si on eût pu découvrir, en lui, les petitesses de l'esprit de parti. Parlementaire par éducation, il se bornait à indiquer ses préférences. Et il devisait de tout avec une parfaite bonhomie, avec une esprit vraiment génial où se glissait la pointe sans blessure grossière, acérée, se défendant peu du jeu de mot malin. Mais s'il était pris à partie sur le terrain des plantes, il s'animait au point de savoir, sans trop élever la voix, plaider la saine cause, celle qui préoccupait le plus son existence, active et pensive. Très sobre de gestes, il raillait volontiers ces Méridionaux surchauffés qui, au fort de la discussion, s'animent au point de vous mettre la main sur l'épaule ou sur la poitrine. Bon enfant à l'égard de ceux qui rendaient justice à son caractère, et qui, peu nombreux, professaient les mêmes goûts, il plaisantait avec un malicieux esprit sur le compte des parvenus, insensibles aux merveilles de la nature.

On peut affirmer, sans exagération, que la vie d'Eugène Mazel, non exempte de faiblesses, n'en représente pas moins un salutaire exemple, alors que sa mort inflige le deuil à la tribu des amateurs de jardins. Et le regret qui s'attache encore davantage à la disparition de cette personnalité, c'est que nos institutions soient assez imparfaites, au point de méconnaître les plus méritants qui, loin du centre parisien, poussent l'abnégation jusqu'à sacrifier leur temps, leur santé, leur fortune même, pour instruire et honorer leur pays.

En écrivant cet exposé biographique et en commentant notre thèse, nous avons eu un double but : celui de témoigner de la reconnaissance à un valeureux ami trop oublié, et celui de marquer, au profit de la France, la place d'un modeste et véritable bienfaiteur.

P. TRABAUD.

www.ingramcontent.com/pod-product-compliance
Lightning Source LLC
Chambersburg PA
CBHW071449060426
42450CB00009BA/2346